Aujourd'hui

ADSO

Aujourd'hui

Préface :

Eliezer Wiezel né le trente septembre 1928 en Roumanie et mort le deux juillet 2016 à New-York, reçoit le prix Nobel de la Paix en 1986 et en 2005 le prix Lumière de la Vérité pour son action en faveur des droits de l'homme et du peuple tibétain. Il reçoit bien d'autres prix pour sa présence en tant que conscience du monde.

Il consacre une partie de son œuvre à l'étude de la Shoah, dont il est rescapé.

Son décés récent a bouleversé le monde entier, et il restera de son existence un souvenir, une mémoire et une très prolifique biographie.

Pour commenter cet ouvrage, dans ce monde d'aujourd'hui qui oscille entre la guerre et la paix, nous aurons soin de nous rappeler deux de ses pensées : " un grand soldat est un homme qui n'aime pas la guerre " et " je me suis levé contre Dieu, mais je ne l'ai jamais renié ". (Propos recueillis par Charles Wright dans le journal *Le monde*, le 25 janvier 2012).

Eliezer Wiezel n'est pas un homme politique : il est un écrivain. Il écrit pour se dresser contre l'oppression sous toutes ses formes.

L'écriture pour cet illustre homme est une protestation qui manifestement refuse la violence et ne la comprend pas.

Il existe des êtres ainsi qui illuminent l'humanité cherchant par la seule force de leur bienveillance à faire régner une justice humaine, quand la justice divine semble disparue. Il peut s'agir de donner cet incroyable courage qui de l'homme à l'homme constitue l'ultime partage.

© 2016, Sandrine Adso

Edition : BoD - Books on Demand
12/14 rond-point des Champs Elysées, 75008 Paris
Impression : Books on Demand GmbH, Norderstedt, Allemagne
ISBN : 9782322095919
Dépôt légal : juillet 2016

Et si je t'attendais

Et si je t'attendais,
Ne perdrais-je rien de ce temps sacré ?
Si je t'attendais
Je réussirai
À t'ouvrir ma porte à nouveau.

Car aux seuls premiers de tes mots,
Je percevrai le bruit de tes flots
Intérieurs
Qui viennent jusque là où je demeure.

Et si je t'attendais
Ce serait pour plus que t'aimer,
Ce serait pour t'écouter.

Je sais que tu as beaucoup à me dire,
Je sais que tu as peur de mourir,
Mais en venant chez moi
Alors peut-être tu trouveras :
L'assiette pour manger,
Le verre pour te désaltérer,
La couche pour te reposer,
Et mes mains pour t'aimer.

Et si je t'attendais,

Dis-moi combien d'années,
Combien de saisons se seront écoulées
Aucune obligation
De te livrer.

Juste la Raison
De vouloir dominer
Ton intentionnalité,
Primordiale
Pour mieux intervenir là où tu as mal.

Au jardin de ma maison
Tu seras comme cette tige de joncs
Qui pousse
Et repousse,
Années après
Années.

Et c'est à ton soleil
Que je viens trouver merveilles
Et c'est dans ton attente
Que mes jours augmentent.

Sauras-tu me dire
Ce que tu as envie de devenir ?
Je t'aiderai,

À me parler,
Comme si c'était la première fois
Que nos esprits se seraient joints
Avec ou sans la présence du divin.

Toujours donner

Même quand la pluie s'est arrêtée
Et les carreaux devant les volets
Restent transparents
La pluie joue de temps en temps.

Quand la pluie s'arrête
Joue avec l'espace
Qui s'est libéré de la face
De celui qui te maltraite.

Donner,
C'est ne pas s'arrêter,
C'est aller vers
Tes appels sincères.

Donner Oui,
Et toujours Oui.

De quoi cet homme qui reçoit
A-t'il besoin ?
Il a besoin de toi
Du son de ta voix
Qui traverse le froid
Qui traverse le néant,
Qui rencontre l'absent.

Je donne ma première vision
Dans ce matin sans fond,
Dans ce matin qui n'a plus l'inquiétude
De percevoir les habitudes
Où transparaît la solitude.

Je donne pour que tu deviennes
Et que tu viennes,
Sur mon chemin
Sans querelle et sans haine.

Peut-être que si je donne
Je gagne un ami,
Peut-être que si je pardonne,
J'avance dans ma vie.

De pardonner
Et donner celà se suit
Et respecte les secrets
Qu'instants après instants,
Tu as enfoui.

Pardonner
Et donner
C'est effacer ta peur,
C'est ne plus craindre cette heure

Injurieuse
Que la planète a rendu soucieuse

De ta vie.

Il y aura. À mon père

Encore des fontaines,
Aux abords des plaines,
Il y aura encore des terres
En vallées de lumière.

Et des musiques, et des chants
Impétueux, caressants
Il y aura toujours
Ce nécessaire Amour
À tous
Qu'il faut savoir apprécier
Lorsque délicatement il pousse
Les portes de ta pensée.

Il y aura ma pensée
Préservée,
Dans un coquillage venu de la mer.
Il y aura encore bien des mystères.
Bien des paroles à énoncer,
Bien des écritures à déchiffrer.

Il y aura à nouveau ces nuits
Aux mystères affranchis
À nos rêves déployés
Comme de grands oiseaux au lac d'été.

Il y aura encore du temps
Quand tout ce que tu cherches
Semble absent.
Et dénué de recherches.

Il y aura toujours ces astres,
Pour te diriger loin des désastres.

Il y aura toujours moi,
En foulées rapides
En souvenirs limpides
Pour te remercier d'être là.

Tu es peut-être ce qui restera de moi,
Lorsque mes jours trembleront
Et que visibles deviendront mes questions.

Je ne suis qu'un chemin,
Je ne suis qu'une femme,
Qui possède des mains,
Et aussi cette âme
Que je sens vibrer
Que je sens frôler
De tous côtés.

Il y aura ces sommeils

Où je m'endormirai
Vers ton pareil
Vers ces rêves où je retrouverai
Mon père.

Dis-moi juste quand
Je pourrai à nouveau lui dire,
À quel point mon amour pour lui est grand.
Mais cela avant de mourir.

Il y aura ces vertes forêts.
Encore épargnées
Il y aura
Ce que la vie préservera.

Il y aura aussi cette joie
De savoir
Que tous les soirs
Je pense en sa mémoire.

Il y aura une destinée
Faite pour se rappeler
Qu'à tous moments
Seront victorieux les instants.

Il n'y aura plus jamais de solitude

Parce que je ne crains pas l'épreuve rude
Et que je suis emplie
De nombreuses poésies.

Dont
Le don
M'est venu
Dans un secret tenu.

Pour vrai
L'amour
Et l'éternité
Chaque instant
Qui font ce jour.

Et je crois en la Force de celui qui ne craint pas la mort.

Celui qui n'a pas peur de mourir,
N'a jamais peur de rire.
Sa pensée s'échappe des tourments,
Et celà à tous les instants.

Il pense et le matin
Et le soir.
Il pense avec ses mains
Il pense avec tous les espoirs.

Que la vie autorise,
Et il faut bien s'en rappeler !
La pensée, la prière me sont permises,
Là est le principe premier.

La force de cet homme
Est venue avec le temps.
La force de cet homme
Se décuple en chaque instants.

Partout il voit la vie,
Et il respecte ses interdits,
Il a toujours respecté ses lois
Il a toujours su garder la foi.

Ce qu'il y a de très élogieux
À son égard
C'est qu'il partage les feux
Que ses regards
Perçoivent dans l'obscurité.
Qui n'est en toute vérité
Que l'absence d'un lendemain d'été.

Et s'il n'a pas peur
C'est qu'il respecte les erreurs
De son frère et de sa sœur
Il ne craint pas le schéol de son cœur.

Il ne craint pas
Le matin qui s'en va
Et s'il a peur de son ennemi,
C'est plus pour la vie que pour lui.

Alors il pose ses mains,
Sur ton visage inquiet,
Alors il chante le matin,
Attendant toujours que tu sois réveillée.

Et si ce n'est pas le matin,
Ce sera le soir
La vie procure de doux refrains.

À qui sait les écouter,
À qui s'en souvient.
Ce sont des chants faits pour te parler,
À ta mémoire, ta joie d'enfant.

Les enfants ignorent
La présence de la mort,
Même si parfois ils se souviennent
De certains moments de haine.

L'homme qui n'a pas peur de la mort
Nous apprend toujours la nécessité
De l'effort
Et de notre confiance en chaque journée.
C'est pour cela que les enfants sont gais,
Parce qu'ils ont l'exclusivité
De l'espérance
Sans avoir conscience
Des différences.

L'homme qui n'a pas peur de la mort
Est un mystère
Auprès duquel, on cherche encore
Et toujours des réponses venues des éclairs.
Du besoin de donner.

Pour certains la mort n'est qu'un passage,
Pour d'autres, elle est une délivrance.
Et si je traverse le paysage
C'est pour ne pas craindre l'errance.

C'est pour entendre le son de tes pas,
Qui lentement reviennent vers moi.
Alors je n'ai plus peur de la mort
Ni ne la souhaite.
Il y aura toujours et encore
Ces nuits inquiètes.

Veillant jusqu'au matin d'autrefois
Et dans ce temps que rien n'arrête.
Je continue,
Nue,
Face aux mouvements
Incertains qui jaillissent dans le vent.

Savoir affronter

Savoir affronter
Les regards inquiétants
La tête levée
Vers les cieux luminescents.

Qui du jour à la nuit
Sont pleins des étoiles
À n'importe quel endroit du monde promis,
Dès l'aube matinale.

Savoir affronter,
C'est d'abord faire le choix,
Entre la prière et le combat
Savoir confronter.

Son esprit à des mots attendus
Ou à la nécessité éventuelle,
De lier les mots à des mains nues,
Ou de lier les mots à des actions rebelles ;
Contre un monde qui s'inverse,
Et qui provoque des averses
Comme pour réagir
Face à ceux qui aiment mentir.

Si j'affronte,

Si je pardonne
Je découvrirai la honte
Dans leurs yeux que plus rien n'étonne.

Savoir affronter l'autre
C'est mesurer sa force face au doute
L'espoir dans notre
Destin, qui par chance
Avance
Sur la belle route.

Oui, route tu es belle
Oui, route tu es celle
Que j'ai choisie et que je parcours
Avec l'esprit d'un Amour,
Profond,
Qui porte ton nom,
Ton souffle, ton prénom.

Souffle de vie,
Sacré parmi
Tous les flots de vent,
De ce souffle des océans.

Vouloir affronter
Pour préserver

L'humanité,
Savoir prier,
Pour espérer
La paix.

Qu'est-ce que l'humanité ?
Un ensemble de destinées
Qui ont parfois soif de se mesurer
À la puissance de l'étranger.

Qu'est-ce que la prière ?
Des paroles en rivière
Qui vont vers toi,
Qui viennent de moi.

Des millions de mots
Qui s'élèvent de plus en plus haut
Et la foi dans les anges,
Dans leur présence toujours étrange.

C'est une épreuve d'affronter un ange,
C'est une douceur d'invoquer pour lui des louanges.
La prière va contre le temps
La prière ce sont tes mots emportés dans ce vent
(Qui ne t'effraie plus).
Savoir affronter sa prière,

C'est retirer de son cœur la pierre,
Qui broie
L'évélation de sa voie
Qui empêche les mots
D'aller jusqu'à toi,
Toi mon ami,
Toi mon ennemi.

Et qu'importe les jours
Je vais vers toi toujours
Ma prière sera sans détours.

Toujours écrire

Malgré l'incertitude du devenir
Écrire pour être
Aussi libre que l'oiseau-lyre
Aussi libre qu'il peut paraître.

Donner des sons,
Donner des mots
Écrire la douce chanson
Qui jamais ne fait défaut.

Car je connais tes questions
Peut-être les paroles dont tu ne connais pas le nom.

Toujours écrire
Pour penser revenir,
Parce que ce retour
Se fera au jour
Où tu en auras le plus besoin
Alors j'écrirai … pour quelqu'un …
Mes lettres auront plus qu'un sens
Elles auront un destin
Une réalité, un projet qui avancent.

J'écris pour moi,
Certes mais aussi pour toi

Et si parfois ma plume tremble
Si parfois il me semble,
Que je reviens de l'abandon,
C'est que je t'aurai donner un nom :

Maintenant tu peux m'appeler dans la nuit
Oui, je saurai te reconnaître car à ton nom
Sera associée ta voix
Car à ton prénom
Sera associé toujours une fois :

Le silence de tes yeux
La joie que tu ne cesses, me rend heureux
Et les mots qui sont le murmure
Des flots de ton océan,
Oui chacun porte une conjoncture
De l'espace qui sépare les continents.

Ce que je te propose est un monde sans frontières
Un monde où je viendrai t'aider à ne plus craindre l'hiver…
La guerre …

Laisse-moi être ton secret
Pour qu'alors je puisse m'approcher
Les yeux fermés
Le sourire à nouveau spontané.
Et la joie revenue …

Écouter l'eau

C'est d'abord s'allonger sur la rive
Et parler d'une longue échappée
D'une longue marche inépuisée,
D'un nouveau son qui arrive.

De l'autre espace du continent
Des autres espaces du moment
Que tu souhaites partager
Avec ton frère de l'autre côté.

De cet amas des eaux
Qui porte en lui
Les paroles de ce très haut
Là où réside l'espoir : ce pays
Qui n'est imaginaire
Que s'il reçoit de toi
Les fruits d'une bonté millénaire
Une nouvelle fois.

Écouter l'eau
C'est transpirer
Laisser ces rêves couler
De son for intérieur
À l'oreille de mon cœur.

Pour que je comprenne
Depuis quel vent vient ta haine.
Pour que je puisse te comprendre
Il te faudra être tendre,
Doux et patient
Espérer être clément.

En écoutant l'eau
J'oublierai mon chagrin
Car désormais, je saurai ce qu'il me faut
Respecter la voix des Anciens.

Écouter à nouveau le bruit jusqu'alors
Enfoui comme un trésor,
Où se mêlent : les chants des Anciens …
Aux sanglots qui interpellent la pluie et le lointain.

Tes larmes qui coulent
Seront recueillies dans une fleur de rosée
Dans un cœur ouvert à la foule
Dans un cœur où tout peut arriver.

Le secret

De tout ce que je sais,
De tout ce que je sens
Me transporte en des lieux oubliés,
Me transporte vers des mondes où chante l'enfant
Dont la conscience est la plus merveilleuse
Des forteresses à élever.
Réveillons l'enfant qui s'endort
En chaque créature bienheureuse,
Alors, il y aura toujours cet encore.

Savoir garder un secret
C'est peut-être la seule limite où je peux aller.
Recevoir la confiance d'un humain
Recevoir les secrets de chacun
N'est-il pas d'abord aimer
Dans la nuitée ?

Je suis emplie de toi
De ta voix et de ton amour,
Je n'ai plus de tracas.
Je choisis mes discours
Pour ne jamais te blesser
Pour pouvoir t'offrir
La sécurité et la paix
Vers un nouvel avenir.

Où refleurira à nouveau ton sourire
Dans le secret
Peut-être d'un baiser …
Déjà partagé.

Le frisson

Que tu sens avec pudeur,
Peut bien ressembler
À ce commencement, cette passion
Qui a ouvert le chemin de ces humeurs.
Le chemin de ces tremblements d'été,
Où la pluie s'est mêlée
À la crainte oubliée
À l'espoir à nouveau décidé.

Le frisson que parfois tu peux sentir
Est à chaque fois une victoire qui t'empêche de mourir.
Alors n'hésite plus à nourrir tes nuits
Voire tes jours
De tes envies,
De tes sentiments
De tes pas de géant.

Il n'y a pas de honte à désirer
Il n'y a pas de honte à aimer.
Et si je sens ta force d'aimer
C'est parce que je ressens comme une écume salée,
L'exclusivité de me diriger
Vers tes nuits pleines de frisson.

Le plus bel été

Je l'ai connu dans la patience
De croire en ma jeunesse,
Je l'ai connu dans l'insouciance
D'aimer pour la première fois
Un regard protégé par la sagesse
De l'authenticité.

Le plus bel été est celui qui vient
Chaque année
Où j'ai veillé le prince charmant
Celui où j'ai fait la rencontre
De l'homme en qui la force entre.

C'est l'été
Où tout va recommencer
Avec celui qui saura partager
Les plus vifs émois
Mon jardin d'autrefois.

Qui renaît aujourd'hui
Parce qu'il y a encore cette vie
Dans laquelle il est bon
De retrouver ton prénom.

Et de partager

Et de discerner
Jusqu'où le mensonge
Veut brouiller tes songes.

Aussi ne t'inquiète pas
Je veille sur la lumière
Qui ne s'éteindra pas
Car le rôle d'une femme
N'est-il pas de nourrir cette terre
Par la présence même de son âme ?

L'âme d'une femme
Se pose contre la luxure
Et suit de son regard de flammes,
Toute histoire de rupture
Avec l'oiseau de paix,
De liberté.

La force que j'ai
Est pour ta solitude
Te faire sentir que moi aussi, je partage cet été
Et te rendre des réponses contre tes habitudes.

La première voix

Est le premier mot qu'on dit tout bas
Resplendit
Dans mon esprit.

Parfois comme un appel,
Souvent comme une étincelle
Le souvenir du son
Qui me rappelle ton prénom,
Est protégé
Par les mots que tu m'as dit cette année.

Où enfin j'ai compris
Que je pouvais être importante,
Pour l'autre : ta vie.
Ta déferlante
Rivière
Qui ne cherche pas de frontières.

Mais juste un instant,
Où le repos du vaillant,
Pourra être accordé
Dans une simple félicité.

D'une première voix
Qui donne quand tu t'en vas :

La joie d'un retour
Vers la vision de ton amour,
De ta bonté
Et de tout le respect
Qui doit porter en elle
La première voix que je trouve si belle.

Je ne suis pas une sirène,
C'est bien du sang qui coule dans mes veines,
J'habite cette terre,
Depuis que j'ai aimé, la première
Fois …

La première fois,
La première voix
Est celle en qui je crois
Parce que c'est bon d'être avec toi.

Parce que je suis loyale
Et que je cherche ton idéal
Pour que tu t'approches de moi
Et demeures ma première voix.

Me faut-il une arme ?

Pour protéger mes larmes ?

Je préfére tes bras,
Je préfére courir vers toi.

Toi qui en un seul mouvement
Retire le doute sur mon cheminement.

Et cela est bon,
Et cela est profond.
Comme une lutte sans failles
Qui donne au ciel étoilé,
La joie de se mesurer
À la taille des plus grands,
Et au combat des géants.

J'apprends
Chaque instant
À percevoir le visage de mon ennemi,
Qui m'emmène vers le doute et la jalousie.
Mais je t'en prie,
Toi
Avec moi
Reste sur la même constante,
Car je suis toute pénétrée

De toutes les voix présentes :
Face à moi,
Ou qui pensent à moi.

Et que je sens
Leur haine, leurs blessures.
Où vais-je sur le sentier de leurs tirs violents ?
Qui cherche à m'atteindre dans l'éclat
Tremblants
De mes nuits sans toi.

Et si je t'ai trouvé
Vers où regarder
Et si tu veux me trouver
Me donneras-tu ce silence ?
Calme où enfin je pense.

Aux fruits d'une saison
Sans mystères
D'une tendre raison
Les peurs de toutes les guerres.

Les guerres cachées,
Les guerres avouées,
Le bruit de ces cris,
La violence de leurs désirs sans interdit.
Quelle est ma force, quel est mon but ?

Je suis une femme qui craint la chute,
Le déclin
D'un paradis qui prend fin ?

Mais le paradis n'est-il pas éternel ?
Et si ma vision n'est pas réelle
Je vis avec certitude
Que le monde sans finitude
Est là en permanence,
Comme toi en qui je pense.

Au miracle du plaisir,
À la vérité de nos désirs.
La question est simple et franche,
Comment préserver ce peuple qui s'épanche
Et que je ne cesse d'aimer en toi,
Oui, j'espère t'envoyer de doux messages
Parce que j'ai espéré les présages.

Et que ces rêves deviennent vrais
À chaque fois où je vais m'allonger
Dans l'espérance de cette paix
Pour qu'enfin l'homme retrouvé.

Soit plus fort
Que la mort.

Aujourd'hui

Est le plus beau jour de ma vie.
Et il n'est pas qu'une journée,
Il est une multiplicité
D'instants
S'étalant dans le temps.

Aujourd'hui c'est toujours ton regard
Fier, humble, doux sans retard
Qui comprend
En un instant
Qu'aujourd'hui je suis là
Et que ce souffle que je porte en moi,
N'a que le rivage
Du plus long sillage
Qui s'appelle aujourd'hui.
Et aujourd'hui je suis.

Une vie que tu as allumée,
Tout simplement
En vérité
Sans révélations magistrales
Sans éclats ou capitales.

Aujourd'hui,
S'appelle oui,

s'appelle merci.

Aujourd'hui porte
Porte un souvenir
Et porte un avenir
Tous dirigés
Vers ta seule nuitée,
Si tu te sens partagé
Je te rassemblerai
Et je ferai de tes fragments,
L'essence d'une seule volonté
D'un seul pays
D'une vie accomplie.
Jusqu'à aujourd'hui.

Quand on connaît l'amour

On connaît l'éternité
Comme une venue au jour,
Dans la lumière étalée.

On découvre avec joie et stupeur
La nécessité d'une présence à toute heure ?
Pour l'autre
Pour notre
Union née dans un mystère,
Égal à celui de la Lumière.

Et si mes nuits deviennent pleines de toi à l'infini
C'est parce que je t'ai reconnu, parmi toutes ces vies.

D'abord celles de l'origine
Savoir ce que tu devines
… Peut-être de toi
À travers moi.

Alors je suis à nouveau heureuse
Car je découvre que ta présence
Est une finitude merveilleuse.
Comme ces secrets qui sont la vaillance.
La vaillance qui nous fait nous aimer,

Dans le matin, dans les nuits
De mensonges délivrés.

Parce que nous nous sommes choisis,
Parmi toutes les destinées
Qui existent dans cette humanité
Qui ravive son sommeil
Jusqu'à un nouvel éveil.

J'ai vu tes yeux
Et j'y ai lu la solitude.
Tu as vu mes yeux
Et cru en la certitude,
D'un amour authentique !
Pour une fois qu'il existe :
Il est unique,
Et chaque jour persiste
Pour grandir
Dans notre avenir.

Ce que tu me donnes n'a pas de prix,
Tu me donnes la paix dans la nuit
Et je me réveille
Chaque jour d'un très lent sommeil
Où les battements de mon cœur,
Encouragent tes plus téméraires ardeurs.

Une histoire

Une histoire, qui n'aurait ni commencement,
Ni achèvement.
Une histoire qui viendrait depuis la nuit des temps.
Avec son cortège de sourires,
De chants, de rires.

Une histoire qui pourrait affronter le désert
Une histoire que seule la pluie peut taire,
Sous les gouttelettes d'une eau
Comme un pont qui va de mes rêves
À la compréhension du défaut
Qui peut briser cette trêve.

Qui s'étend de mon Orient
À ton occident.
Je lève mes yeux vers l'infini
Comme une très longue symphonie,
Et je chante,
Les chants que tu m'as appris ;
Dans l'attente
Perpétuelle
De caresser ta force vive
Qui apporte vie à tout ce qu'elle touche et ravive.

C'est une histoire

Qui ne conte que l'histoire,
Que le vent à bien voulu mener
Jusqu'à ma destinée.

Pour faire ta connaissance
Et croire en ton indulgence.

Et si je crois en cette histoire,
Qu'elle soit vraie ou fausse,
C'est qu'elle éteint les miroirs,
Où se posent les millions de fosse,
Qui veulent ensevelir
Les plus beaux espoirs à venir.

Celui de rester une enfant
Sans peur devant le géant :
Une histoire
Qui ressemble à ton histoire.

Cette histoire, je la connais
Car je l'ai entendu murmurer
Par la voix de ce qui m'a bercée
En cette matinée.

La joie d'être doux

Si je sens tes yeux clairs se poser sur moi,
Si tu sens la danse
Et la confiance
Que je veux t'offrir pour ton repos, loin de tout effroi,

Alors j'aurai une raison de vivre encore.
Si je parviens à rester digne devant la mort
C'est que j'aurai compris la réalité de la fleur,
De ta douceur.

Douceur et patience
Là est la plus belle présence.
La joie d'être doux
C'est ouvrir la porte aux anges, loin des loups.

Je suis ta douceur
Et je souhaite que tu la ressentes
Je suis à la porte de ton cœur
Je ne suis pas qu'un moment :
Je suis dans ton présent,
Et ton présent à mes yeux
C'est l'éternité et le partage chaleureux.

Ma douceur est là
Parce que tu es là.

Ma douceur est là
Car j'entends tes pas,
Dans le corridor
De ta route qui ressemble à l'or,
Qui n'achéte rien,
Juste qui te lève le matin.

Les matins que le soleil
Encouragé par ton amour
Deviennent un éveil
Où exulte désormais chacun de nos jours.

Et même quand je pars,
Je reste attentive à tes regards,
À tes paroles,
À cette nécessité simple qui est tienne
D'être encore là quand tu frôles
Des douleurs provoquées par la haine.

L'envol

De mes pensées,
De mes baisers
Parcourt et traverse bien des continents
Bien des langueurs océanes
Et des infinitudes profanes
Qui ne craignent aucun vent.

L'envol de ma croyance
C'est la survivance
Au-delà de toute imagination
Au-delà de toute passion.

Et j'admire ces oiseaux
Qui font face aux sommets les plus hauts.
Qui s'envolent dans une clarté
Qui défie toute obscurité.
Et ce goéland qui a choisi sa liberté
En acceptant
De sortir de son clan.

Mais ce n'est qu'une solitude apparente
Car sous les tempêtes même les plus violentes
Le goéland explore tout les champs,
Et ramène dans son regard la couleur du blé
La couleur du sourire caressant et pénétrant

De la volupté
De la sérénité,
Qui restent toujours à la portée
De celui qui aime, protége et promet
Qu'aujourd'hui
Peut durer toute la vie.

Alors je trouve en cet oiseau
L'humilité et ce courage
Qui ignorent les différences et les outrages
Que parfois l'humain laisse entrer
Sans attendre de cadeau,
Sans attendre la peur de perdre sa vérité.

Car le temps effraie tout ceux qui cherche la vérité
Car ils savent qu'elle n'est pas une
Mais qu'elle porte toutes les identités
De chacun et de chacune,
Et le véritable envol
Est celui qui ne s'affole
De toutes les vies
Mais au contraire s'en réjouit.

Vivre un amour aussi fort

C'est la seule beauté que je m'accorde
Pour respecter tes efforts
Et tes nuits avec la corde
De la cithare
Ou de la guitare.
La musique secrète de cet amour
Qui se fortifie de jour en jour,
De nuit en nuit
Et peut-être plus forte que la poésie ?

C'est toi qui sais
Toi seul qui lis mes écrits.
Ils naissent dans la soirée
Et bordent mon lit.

La vie reprend toujours
La réponse à son cours
D'eaux, de fleuves, de rivières
Pour l'amour de cette terre ;

Toujours pleine de ta vie
Car c'est de toi qu'elle paraît
Plus douce qu'un secret,
Plus douce qu'une vie partagée.
Il y aura toujours ma voix douce

Pour te garder éveillé
Une fois que le repos t'aura réveillé
Une fois que la nuit aura baisser sa garde rousse
Couleur du soleil
Pareil à tes merveilles.

Car ton soleil est bien aussi lumineux
Que l'éclair de tes vœux.
Et si je m'approche de toi,
C'est bien parce que je t'aurai laissé voir en moi ;

Cet amour … qui traverse toute ma réalité
Toute cette vérité
Que je caresse pour oublier
Le mal que l'on nous fait.

Et je pense à celui qui
Seul dans la nuit,
Sans répondant
Pour entendre ses yeux oscillants
Vers une terre lointaine
Où l'homme a oublié cette haine ;

Qui ronge sa fierté
Mais pas sa capacité d'aimer,
Alors il se confond en humilité

Alors son regard reste dans cette attente
Dans tous ses nouveaux voyages
Qu'enfin il tente,
Pour échapper à ces paysages,
De terre brûlée,
De terre séchée.

Vivre un amour aussi fort
C'est savoir encore
Sentir
Tes premiers soupirs,
Dans une joie immense
Dans un parcours intense
De cette fulgurance
De ne jamais
Rien regretter ;
Et de toujours aimer
Ta vie au quotidien
Ta vie d'aujourd'hui
Et de demain.
Là réside ma vie :
Dans ton destin d'aujourd'hui,
Où avec toi je marche côte
À côte
Dans ce silence
Où s'abreuvent les instances

Qui résistent
Persistent,
À faire perdurer l'amour
Qui connu un jour,
Qui connu une seconde même,
Suffit à t'éloigner des visages blêmes.

En face de toi

Ouvre tes volets ce matin
Et regarde dans ce lointain
Qui n'a de loin
Que ton chagrin.

En face de toi,
Tu trouveras
Des ennemis
Qui deviendront amis.

Des désirs
Qui deviendront plaisir.

Sans peur, sans guerre
Tu trouveras les mots
Nécessaires
À tout ce flot.

Un flot vif et radieux
Qui se prolonge jusqu'aux yeux
Innocents
De mes instants à ton temps,
Sans se soucier
De la difficulté
D'être

Ou de paraître.
Car il n'y a pas de difficulté à naître
Ou à renaître
Lorsque le souffle des eaux
Monte vers toi : aussi haut.

Et je n'ai pas peur de ces sommets
Car je monte jusqu'à toi
En confiance, en fraternité,
Je suis face à toi
Je suis en face de toi ;

Vers ta liberté,
Et peut-être vers cet amour consacré
Qui peut-être appartient à tes secrets
À toute cette intimité
Qui fait ta beauté.

Et lorsque tu m'ouvres ta porte
Ta bonté devient mienne
Puisque tu me rends si forte
Face à toi : tous les matins devant tes persiennes.
Jusqu'au soir
Devant ton miroir.
Et j'espère ôter de toi : la peur et le doute
Pour être avec toi sur la route

Car mon cœur est grand
Et danse au gré du vent.

Face à toi
Il y a, ces promontoires
Qui s'avancent vers la mer
Et t'invitent à voyager sans fin, jusqu'à ta terre.
Face à toi
Il n'y a pas que les murs de béton,
Il y a des mains ouvertes sur ton prénom.

Le calme du poète

Est parfois secoué par de terribles tempêtes,
L'isolement, la sensation des matins
Qui s'enfuient
La perception des chagrins
Lorsqu'un seul regard suffit.

Le calme du poète est inondé de cette lumière
Qui paraît quelquefois au frais des clairières :
Vaste cheminement,
Et soleil et permanence
Premier firmament
Dans le jour de sa naissance.

Le calme du poète
Est une plume que rien n'arrête.
Ni le silence, ni le bruit
Ni la fin du jour
Le début de la nuit ;
Car en lui réside l'amour.

Le calme du poète
C'est parfois sa colère
Quand disparaissent les prières
Et que l'homme choisit la guerre.

Il y a certains mots
Qui portent en eux tous les drapeaux,
Et qui prononcés par le poète
Deviennent pour chacun une fête.

Car le poète a le sentiment
De l'universalité des mots tremblants,
Des mots que chacun attend.

Sans se soucier de ce que lui attend
Car il a en lui, la joie, le don
D'une sensation de tous les vents
Chaque fois, il sait accorder le pardon.

Et pourtant,
Lecteur, le sais-tu il n'attend
Qu'un sourire
Qu'une pensée vers son avenir ?

Puisque la solitude du poète
Est celle de chercher le calme,
Dans des contrées intérieures vertes,
Bleues, jaunes et oranges aux palmes
Que le vent chaud
Apporte à ton radeau.

Le calme du poète, c'est ce miroir
Qui jamais ne se brouille et se ternit
Cet autre isoloir
Où s'affaissent la peur de perdre la vie.

Si j'étais ce poète
Je saurai que rien n'arrête,
Le visionnaire de mots,
Et qui joue tous les matins
À construire des châteaux
Au bord de l'eau.

Bonjour madame

Quel est la nature de votre âme ?
Bonjour monsieur
Quand êtes-vous né ?
À quel âge avez-vous su apprivoiser
Cette douceur qui fait votre vérité ?

Ce calme qui fait votre certitude,
Cette densité qui s'échappe de vos habitudes
Cette quiétude
Qui prolonge cette force rude,

Qui a la force d'une échéance face à la souffrance
D'une maintenance,
D'une éloquence.
Vous connaissez les paroles
Qui éloignent les glaciales éoles.

Vous connaissez les tons
Où s'agitent les frissons.
Vous connaissez les moments
Où la liberté se pose un instant.

Vous savez caresser le temps
Dans le sens du courant,
Pour n'offenser aucune vie,

Car le courant avec vous trouve un nouvel abri.

Bonjour madame,
Vous êtes quelle femme ?
Celle qui nourrit,
Protège.

Ou celle qui craint les tourments générés
Par les grands oiseaux des lacs salés
Et qui craint la fin de sa destinée
Et de ceux et celles qu'elle a toujours aimé.

Bonjour monsieur,
Savez-vous chanter comme l'oiseau bleu ?
Et quand il fait beau
Votre soleil est-il au plus haut ?

Votre espoir est-il inébranlable ?
Vos lois sont-elles indéchiffrables ?
Monsieur dites-moi
Pourquoi,
Il y a plein de moments que je n'ai pas encore découverts
Compris et perçu à travers
Ma vie.

Monsieur, madame,

Réconfortez-moi
Mon existence
A-t'elle à vos yeux une importance ?
Monsieur, madame
Serez-vous là
Si je suis seul dans l'obscurité ?
À cet instant là, serez-vous dans la clarté ?

Cette luminescence qui illumine
Cette lueur qui culmine
Cette douceur qui s'affine
Ce printemps qui chemine

Tout au long de votre vie
Sans jamais oublier de dire merci.
Oui, la vie mérite bien
Qu'en son nom
On la retienne sans fin.
Sans abandon.

Il n'y a rien de plus précieux
Que la vie d'un homme malheureux.
Il n'y a rien de plus étonnant
Que les yeux d'un mendiant.

Et l'aimer

Lui apporter
Respect et pudeur
Faire de lui le roi
Qu'il a toujours été.
Croire à ce qu'on peut faire pour son bonheur.

Si j'attends

C'est que je crois
En ta venue.
Tu peux prendre ton temps
Tu peux allonger nos voix
Au même diapason et de sa mue
Pour le transformer
Dans un été de paix.

Si j'attends
C'est parce que j'ai entendu ton silence
Flotter dans ma mémoire, mes instants
Et parce que je n'ai besoin que de t'offrir ma présence.

Pour combler tes nuits
Si pour toi, cela est permis
Moi qui vis
Au logis.

De la patience,
De la vraissemblance
De ma vérité
Qui chaque jour deviennent plus près
De ta sincérité.

Je suis l'amie de ceux

Qui même dans la misère
Donne ce qu'il y a de mieux,
Un sourire ou juste un regard qui les libère
De leurs tourments
Et rend fierté au flu de leur sang.

Lorsqu'il se répand
Hors de tout abandon
Et qu'avec courage j'apprends
À les aider à dire non.

Savoir ce que l'on veut,
C'est bien normal.
Croire en ce que l'on peut
C'est toujours ne plus se sentir animal
Mais savoir être" homme ".

Aujourd'hui pour maintenant

Et aujourd'hui pour demain
C'est là tout l'effacement
De mes tourments,
De nos tourments
Tendre sa main,
Entendre une voix amie.

Dans sa mémoire
Ou dans un quotidien privilégié.
Pouvoir encore jouir de la vie
Car cela n'est pas reservé à certains initiés.
La vie est simple, sans retard
Pleine d'éclaircie au frais
De la matinée.

Avez-vous déjà dit : " Je t'aime ", en y pensant
Vraiment,
Constamment ?

Oui.
Pour l'amour de la vie,
Le cadeau
Qui a la couleur
De ta peau.

Maintenant
Est plus puissant
Qu'aujourd'hui
Mais rien ne surpasse la vie.

Alors ? que choisir dans tout ce temps ?
L'instant
Ou la promesse ?
Les deux ne seraient pas une prouesse.

Et toute la joie et l'allégresse
De sentir la vie : sa caresse
S'échapper de la vitesse
Pour aller lentement
Au rythme des océans.

Comprendre que cette vie
Que nous partageons
Peut devenir un réconfort
Qui dure encore
Au sein d'un univers uni ?
J'aimerai qu'un jour nous sachions
Être
Sans paraître :

Être là, au bel instant

Au bon moment.
Le sentir,
Le deviner.
Et s'approcher
Pour entendre ton rire,
Voir encore ton sourire,
Écouter encore ton cœur qui bat
Et la pensée qui fait que tu es toi.

Aujourd'hui, la mort n'existe pas
Maintenant je suis encore là.
Et je veille sur toi,
Où que tu sois
Sur cette terre de soie,
Sur cette terre de foi.

Tu crois que je t'ai tout donné
Alors que c'est toi qui m'as tout apporté :
Tes balbutiements,
Ton courage surprenant,
Ton émerveillement
Devant
La fin des contraintes
Et la sensation de ces étreintes,
Vécues
Et partagées,

Nus,
Face à face.
Sans miroir ou sans glace
Qui ferait de nous des coupables
Il n'y a plus rien d'abominable.

Il n'y a qu'un homme et une femme qui aujourd'hui
Vivent un élan de paradis.
Maintenant
Si je monte au firmament
C'est que je suis guidée par ton étoile,
Qui me dirige au creux d'un moment final

Qui n'existe que pour ceux
Qui ne te connaissent pas.

Je continue

Confrontée comme vous
Face au temps,
Le poète avoue
Sa peur de voir disparaître le printemps.

Sa peur de voir disperser ses écrits
Dans le vent, dans l'infini
De voir s'illuminer dans le soir
La fin de sa mémoire,
Le silence de ses histoires.

Que les gens n'écoutent plus :
Je continue,
Comme vous
Peut-être un peu plus perdue …

À livrer mes secrets
Au plus parfait soleil de vos idées.
Et dans le creux de mes nuits,
Je continue à espérer une paix enfin unie.

Malgré vos silences
Et vos appels de vengeance.
Je continue
D'écrire,

Je perpétue ce désir.

Et je réponds à l'appel
De tout un chacun.
Je parle et je me rappelle
Des sons perçus dans le matin.

L'oiseau qui vole dans ce lointain
N'est pas si loin
De moi,
De toi.

Il est ce qui te rapproche de mon inspiration
Il est une joie et un respect profond.
Les mots que j'espère dire
Sont les messages de mon avenir.

Et si le poète souffre, c'est bien dans l'amour
Et si l'homme souffre, c'est bien dans l'amour.
Et les sons du musicien
Sont de plus en plus distincts.
Et les mots du poète
Deviennent de plus en plus francs : rien ne les arrête.
Mais le poète est homme et a le droit à l'erreur,
Surtout s'il caresse les secrets de millions de pleurs.
Le poète attend

Tout le temps
Une voix, une voix qui chante parfois
Une voix qui a le courage de dire j'ai mal, là.
Ou j'ai mal maintenant …
Le poète devient alors plein d'un devoir,
D'apprendre à parler dans le soir.

Il consacre son existence à la compréhension
Lorsque l'autre en face pose son non.
Le poète alors à un nom,
Celui que l'autre veut bien lui donner.
Le poète détient alors une identité.

Il cherche à répondre
Besoin de comprendre
Envie de s'étendre
Jusqu'à confondre,
Sa propre vie à la tienne.

Et dans un silence parfois charnel
Il cherche une issue, de projets réels.
Loin du doute …
Pour continuer sur la route.

Avec un correspondant, une lettre
Un mot, une fenêtre,

Pour porter secours jusqu'à toi,
Mais aussi pour asseoir ma confiance en toi.

C'est comme une rivière
Qui échangerait son eau
Pour te rapprocher de cet hier,
Et mieux comprendre l'origine de tes mots.

La vie ?

La vie n'est pas qu'un instant,
Elle est éternité, et elle se prend.
La vie est telle un ruisseau bleu
Qui dans la forêt ranime les éclats de feu.

La vie se protège
Et, est belle comme un rêve.
Elle est bien rare cependant,
Beaucoup marche loin devant.

Appelons-les à rester
Pour redonner confiance
À chaque être, à chaque vérité,
Donner une chance.

Offrir des vrais sourires
Et respecter la pudeur.

Être transparent dans la plongée en soi.

Si Dieu existe est-il nécessaire de prouver son être-là
La croyance dans le mystère de l'homme ou l'au-delà ?
C'est ce qu'il ne faut jamais retirer
À ce que l'être comprend de sa réalité.
Croire est la plus belle façon de prouver son identité,
Nous croyons et nous voulons croire.
La croyance en l'humanité
Est pour Sören Kierkegaard
Le plus transparent des regards.

De l'état à la volonté
L'Humain évolue avec tout ce qui fait le contraire des regrets :
Je suis,
J'ai le droit de vouloir.

J'ai une vie,
Et elle mérite bien d'aller jusqu'au soir.
Croire c'est vivre
Jusqu'à en être ivre.
J'ai une vie et je veux être
Transparent,
Comme le vent …

Fluide comme l'horizon qui se couche sur la mer
Comme le tout premier regard sur la terre.

Alors peut-être je peux me présenter
Devant l'éternité
Et chercher à retirer
De ma bouche, le mensonge :
Et me laisser envelopper par de doux songes :

Que je mérite le nom d'être transparent
Que ma plongée
En la divinité
Me rapproche de mes penchants.

Qui répondra au poète ?
Telle est sa quête.
Le poète a besoin de réponses
Et c'est pour cela qu'il continue la quête,
Que sa vie est une fête.

Il n'attend rien de plus
Que le besoin de partager,
Mais que peut-il donner de plus
Que sa soif d'exister.

Une soif de dire,
Une soif de frémir,
Alors peut-être je pourrais tout dire,
Car quand on a besoin d'eau

C'est peut-être que l'on a vu les flots.

Dieu a laissé une part de lui en nous
Quand bien même, il nous quitterait un jour
La transparence qui est partout
Nous conduit jusqu'à ce toujours.

La fin de l'homme ?

Elle n'existera pas,
Car toujours la justice prévaudra.
Justice ?
Oui, mais sûrement pas sacrifice.
Quoi de pire que la fin de l'humanité ?
C'est ce qu'il faut refuser.
Quoi de pire
Que subir ?

Il s'agit de dévoiler
Quelle est la première nécessité.
La créature humaine
Est bien l'idée reine,
Vers qui il faut aller.

Seul, on ne peut que difficilement
Mais si tu rejoins mes élans,
Alors ensemble nous pourrons
Cesser de vivre comme dans une prison.

Avec de la musique, avec des mots, avec des images
Hélas, parfois avec des armes
Nous pouvons braver la solitude des nuages,
Et briser les charmes
Qui font l'emprise du malin qui par définition n'est pas

Rappelons-nous les paroles de Parménide :
"L'être est et le non-être n'est pas".
Les philosophes emplissent le vide
Existentiel, respecte la joie.
Et apportent souvent des réponses
Lorsque l'homme a la sensation
D'être plongé dans un néant profond.

Les philosophes ont bien des choses à nous dire
Les poètes ont bien des choses à nous faire sentir.
Les musiciens imprégnent l'esprit de sons
Nous ammènent à bien des questions.

Et c'est avec une infinie douceur
Que l'artiste offre en nous sa demeure.
Sa douceur, sa patience,
Ouvrent bien des portes sans susciter la méfiance.

Voici la raison pour laquelle, il faut encourager les talents,
Voici pourquoi la connaissance implicite des arts
Car chacun de nous porte en lui, des dons à mettre en avant,
Comme un premier respect, Ils n'attendent qu'à voir,
Leur courage et toutes leurs histoires
Prendre forme, prendre jour vers un démiurge bienveillant
Qui dans un pressenti fera naître à la vie,
Des merveilles, des envies

Contre la peur
Contre la douleur,
Que de nombreux êtres ont connu ;
Le démiurge bienveillant
Sait et est présent
En face de chacun de nous
Et n'a pas peur de poser son regard doux
Sur l'être visité
Par les fées (?).

Elles te parlent dans la nuit,
Et en compagnie du démiurge,
Parcourent ton intimité
Pour découvrir tes talents les plus secrets.

Surtout te faire découvrir le pouvoir de refuser
L'insulte du silence
Refuser l'état de violence.
Et en délivrant tes talents
Lui et les fées ouvrent les partitions du vent,
Pour allumer la prévalence
Et la fin de la soumission.

Je n'ai qu'un maître, qu'une mission
Ma révélation
En tant que témoin

Visiteur du lointain,
De réaliser plus que la vue du chemin,
La vue d'une existence souple, et semblable au roseau
Qui dans un calme ardent, ne jugera pas tes défauts
Qui plie mais ne rompt pas.

Et si la puissance est dans le chêne
La force est dans la libération des chaînes.

Pourtant il est vrai que l'Homme subit,
Des envies de se taire
Des peurs de perdre la vie,
Des peurs de perdre son frère.

Table des matières.

Et si je t'attendais..7
Toujours donner...10
Il y aura. À mon père...13
Et je crois en la Force de celui qui ne craint pas la mort. 17
Savoir affronter..21
Toujours écrire...25
Écouter l'eau..27
Le secret..29
Le frisson...31
Le plus bel été...32
La première voix..34
Me faut-il une arme ?...36
Aujourd'hui...39
Quand on connaît l'amour..41
Une histoire...43
La joie d'être doux...45
L'envol..47
Vivre un amour aussi fort...49
En face de toi..53
Le calme du poète...56
Bonjour madame 59
Si j'attends...63
Aujourd'hui pour maintenant 65
Je continue 69
La vie ?..73
Être transparent dans la plongée en soi. 74
La fin de l'homme ?..77